HISTOIRE POPULAIRE

DE LA

RÉVOLUTION

FRANÇAISE

FAC ET SPERA

PRIX : I FRANC

PARIS

ALPHONSE LEMERRE, ÉDITEUR

47, PASSAGE CHOISEUL, 47

M. D. CCC. LXXI

HISTOIRE

POPULAIRE

DE LA RÉVOLUTION

FRANÇAISE

HISTOIRE POPULAIRE

DE LA

RÉVOLUTION

FRANÇAISE

FAC ET SPERA

PARIS

ALPHONSE LEMERRE, ÉDITEUR

47, PASSAGE CHOISEUL, 47

M. D. CCC. LXXI

AVANT-PROPOS

L a nation française était abêtie et tyrannisée depuis des siècles. Ni lois, ni droits. Par les lettres de cachet, les confiscations, les impôts arbitraires, les priviléges de caste, les redevances féodales, les dîmes, les corporations et les jurandes, le roi, la noblesse et le clergé possédaient la terre, les esprits et les corps. Le peuple tout entier travaillait et mourait sous le

bâton, misérable, affamé, soumis à la
plus abjecte servitude.

La Révolution française a été la revendication des droits de l'humanité outra-
gée ; elle a été le combat terrible et légitime de la justice contre l'iniquité.

Nous entreprenons de retracer ici rapidement, mais sans rien omettre d'essen-
tiel, les faits qui se sont produits depuis
l'avénement de Louis XVI jusqu'au coup
d'État du 18 brumaire.

I.

Du 11 mai 1774 au 21 janvier 1793.

ouis XV étant mort après un règne immonde, son petit-fils, Louis XVI, lui succéda le 11 mai 1774.

C'était un homme sans passions d'aucune sorte et sans caractère, d'une intelligence médiocre, extrêmement dévot, menteur par faiblesse et faux par éducation religieuse. Il avait épousé, avant son avénement, Marie-Antoinette, archiduchesse d'Autriche, femme hautaine, violente et entêtée, qui poussa son mari à commettre toutes les fautes et tous les crimes politiques dont il se rendit coupable.

En 1774, la monarchie était déjà fort ébranlée et menaçait ruine. Le gouvernement des prostituées royales et de leurs créatures avait laissé les finances dans un désarroi complet. Des guerres funestes, la perte de l'Inde et de nos possessions d'Amérique, l'avilissement politique du pays, la marine désorganisée, l'industrie anéantie, avaient aggravé la situation générale en multipliant les maux particuliers. La nation, préparée à la revendication de ses droits par les écrits d'hommes de génie tels que Montesquieu, Voltaire, Rousseau, s'agitait sourdement, et le nouveau roi, contraint d'admettre la nécessité de quelques réformes, choisit pour ministres Turgot et Malesherbes.

Turgot proposa l'unité d'administration, la suppression des priviléges de caste, des servitudes féodales, des corvées, des douanes intérieures, des corporations et des jurandes, et voulut que la noblesse et le clergé fussent soumis aux impôts comme le reste de la nation.

Malesherbes proposa la liberté de conscience, la liberté de la presse, l'abolition de la torture, des lettres de cachet et de la censure.

· Le premier ministre Maurepas et les courtisans firent chasser Turgot et Malesherbes.

Necker, qui succéda à Turgot, voulut rétablir les finances en mettant les recettes au niveau des dépenses, et faire voter les impôts par les assemblées provinciales. Les courtisans le firent chasser à son tour.

Marie-Antoinette prit à cette époque une influence complète sur Louis XVI. Elle fit nommer Calonne contrôleur général des finances. Celui-ci, homme sans principes, capable de tout pour plaire à la reine et aux courtisans, jeta l'argent par les fenêtres, poussa les emprunts à un milliard six cent quarante millions et tua le crédit public. Une assemblée des notables, réunie à Versailles pour

réparer le désordre, ne tarda pas à se séparer après avoir voté un nouvel impôt
sur le timbre et constaté qu'il y avait un
déficit annuel de 140 millions.

Calonne fut remplacé par Brienne, ar-
chevêque de Sens, qui, de concert avec
le garde des sceaux Lamoignon, exila
toute la magistrature de France, parce
que celle-ci refusait d'enregistrer les édits
ministériels; mais il y eut des troubles
dans presque toutes les provinces; le
payement des rentes de l'État fut suspendu, ce qui était un commencement de
banqueroute; Brienne se retira, et Necker, rappelé, convoqua les états généraux
à Versailles pour le 5 mai 1789.

Les trois ordres, noblesse, clergé et
tiers état, se réunirent au jour fixé. Le
roi prononça le discours d'ouverture. Il
demandait de l'argent et invitait les députés à se mettre d'accord pour lui en
donner. Le garde des sceaux Barentin
compléta le discours royal en déclarant
qu'il n'y avait pas lieu de s'occuper d'in-
novations dangereuses, attendu que toutes

les réformes justes avaient été réalisées, ce qui était absolument faux, puisque aucune réforme n'avait été faite.

Il était évident que la cour voulait annuler l'assemblée dès sa première séance. La séparation en trois ordres l'y aidait, la noblesse et le clergé n'ayant d'ailleurs d'autre désir que de conserver leurs priviléges et leurs richesses. Restait l'ennemi commun, le tiers état, beaucoup plus nombreux, et le vrai représentant de la nation.

La situation était donc nette : d'un côté, le roi, le clergé et la noblesse coalisés pour sauvegarder les abus, les dilapidations et l'arbitraire, et, d'un autre côté, les députés des communes, c'est-à-dire le peuple français tout entier résolu à conquérir la liberté et l'égalité. La lutte était inévitable et ne devait pas tarder à s'engager.

Le tiers état voulait que la vérification des pouvoirs se fît en commun. Les deux autres ordres s'y refusaient. Après d'inutiles pourparlers, le tiers, tranchant la

question, se constitua en assemblée nationale le 17 juin; mais le roi suspendit les
séances et fit occuper la salle des États
par la force armée. Les représentants se
réunirent alors dans le Jeu-de-Paume et
jurèrent solennellement, le 20 juin, de ne
se séparer qu'après avoir donné une constitution à la France.

Le 23 juin, les trois ordres étant pré-
sents, Louis XVI vint menacer l'Assemblée, casser ses arrêtés et lui commander
de se dissoudre. Le clergé et la noblesse
obéirent, mais le tiers état, sur la proposition de Sieyès et de Mirabeau, ne quitta
point le lieu de ses séances, décréta l'inviolabilité de ses membres et se remit à
délibérer. Peu de jours après, une partie
du clergé vint se joindre aux communes;
puis quarante-sept nobles se rallièrent;
enfin le roi céda, et les trois ordres,
cessant d'exister de droit et de fait, con-
stituèrent une assemblée unique.

Cependant la cour n'était point rési-
gnée à la défaite. Les troupes arrivaient
de tous côtés, composées surtout de ré-

giments étrangers, mercenaires prêts à massacrer les représentants sur un signe du roi. Paris souffrant déjà du manque de pain était profondément agité. La présence de nombreux soldats à Sèvres, à Saint-Denis, au Champ de Mars, et surtout l'exil de Necker, mirent le comble à l'irritation publique. Un jeune homme, alors inconnu, Camille Desmoulins, monta sur une table, au Palais-Royal, et appela le peuple aux armes. La foule fut chargée et sabrée sur la place Louis XV et dans les Tuileries par les dragons de Lambesc; mais bientôt les gardes-françaises, prenant parti pour l'insurrection, repoussèrent jusqu'à Chaillot les régiments allemands et suisses.

A Versailles, l'assemblée prit aussitôt des résolutions plus radicales : elle décréta la responsabilité des ministres et des conseillers du roi, et déclara qu'elle voulait le renvoi immédiat des troupes et l'organisation des milices bourgeoises.

Le 13 juillet, l'insurrection de Paris devint permanente. Un comité siégeant à

2

l'Hôtel de ville et comptant sur la parole
de Flesselles, prévôt des marchands, qui
avait promis douze mille fusils, s'occupa
d'organiser la garde nationale; mais,
le 14, les fusils de Flesselles n'arrivant
pas, le peuple en trouva vingt-huit mille
cachés dans les caves des Invalides. Puis,
apprenant que les canons de la Bastille
étaient braqués du côté du faubourg Saint-
Antoine, tandis que les troupes campées
à Saint-Denis marchaient contre la ville,
il se porta en masse sur la forteresse
royale. Sommé de se rendre, le gouverneur de Launay fit tirer à mitraille.
Le combat durait depuis quatre heures,
quand les gardes-françaises arrivèrent
avec du canon. La garnison contraignit
de Launay d'ouvrir les portes, et la foule
se précipita dans la Bastille conquise. Le
gouverneur et quelques Suisses furent
tués au milieu du tumulte. Le reste s'é-
chappa.

On trouva dans la poche de Launay
une lettre du prévôt des marchands, Flesselles. Il lui disait : « J'amuse les Pari-

siens par des promesses. Tenez bon ; vous
aurez du renfort ce soir. » Comme on le
menait au Palais-Royal pour le juger, un
homme s'approcha de lui et le tua d'un
coup de pistolet.

Pendant que ceci se passait à Paris, la
cour prenait ses dernières dispositions
pour en finir. L'armée, campée dans les
communes suburbaines sous le commandement du maréchal de Broglie, avait reçu
l'ordre d'agir dans la nuit du 14 au 15 ;
mais la nouvelle de la prise de la Bastille
épouvanta Louis XVI. Il se rendit aussitôt
à l'Assemblée et annonça que les troupes
allaient s'éloigner, qu'il rappelait Necker
et qu'il allait à Paris.

Bailly fut nommé maire et Lafayette
commandant de la garde nationale.

Louis XVI entra à l'Hôtel de ville
avec la cocarde tricolore au chapeau, approuva les nouvelles magistratures et retourna à Versailles. Son frère, le comte
d'Artois, suivi de ses deux fils, le prince
de Condé et la famille Polignac émigrèrent
aussitôt. Ils allaient provoquer la guerre

civile en France et la coalition européenne contre leur pays.

Les provinces, à l'exemple de Paris, établirent partout des municipalités et des gardes nationales.

Enfin, dans la nuit du 4 août 1789, l'Assemblée décréta par acclamations la suppression des servitudes personnelles, des droits féodaux, le rachat des dîmes, l'abolition du droit de chasse et de colombier, des justices seigneuriales, de la vénalité des charges, de l'inégalité des impôts, du casuel des curés, des jurandes et des maîtrises. Tous les Français devinrent égaux, purent parvenir à tous les emplois et exercer librement l'industrie.

Malgré cet accord momentané, il n'y avait et il ne pouvait y avoir unanimité d'opinion dans la Constituante. Les nobles et les évêques ne songeaient qu'à rétablir leurs priviléges et conspiraient avec la cour. Ils avaient pour orateurs spéciaux l'abbé Maury et Cazalès, l'un déclamateur et prolixe, l'autre toujours agressif; mais le talent de la parole qu'ils possé-

daient tous deux ne rendait pas meilleure
la misérable cause qu'ils défendaient.

Les royalistes constitutionnels, Mou-
nier, Lally-Tollendal, Clermont-Ton-
nerre, ralliaient la minorité des nobles et
des évêques. Le parti national, formant
le reste de l'Assemblée, avait alors pour
chefs Barnave, Duport et Lameth ; mais
le vrai tribun de la Constituante était
Mirabeau, homme de mœurs décriées,
dont la jeunesse désordonnée s'était con-
sumée en luttes contre le despotisme pa-
ternel et l'arbitraire royal, renié par sa
caste, accueilli par le tiers état, et qui
mettait encore, à cette époque, au service
de la Révolution, une audace sans bornes
et une éloquence sans égale.

La cour étant, par suite des derniers
événements, réduite à conspirer au lieu
d'agir, l'Assemblée s'occupa de discuter
et de rédiger la constitution promise au
pays, et qu'elle fit précéder de la Déclaration des droits de l'homme et du citoyen.
Contre l'opinion des royalistes constitutionnels qui voulaient une chambre haute,

à l'exemple de l'Angleterre, on décréta une assemblée unique. Puis vint la discussion sur le *veto*, c'est-à-dire le droit donné au roi de refuser les lois votées par les représentants de la nation. L'agitation de Paris pesa heureusement sur les délibérations, et on décida que le *veto* royal ne pourrait se prolonger au delà de deux législatures.

Louis XVI avait déjà refusé de sanctionner les décrets du 4 août, et il refusait de nouveau de sanctionner la déclaration des droits. Les gardes du corps furent doublés à Versailles; des dragons et le régiment de Flandres furent appelés. On en fêta les officiers dans la salle de spectacle du château. Le roi et la reine avec le dauphin dans ses bras assistaient au repas. On joua la marche des hulans, des cocardes blanches furent distribuées et la cocarde tricolore fut foulée aux pieds. Cela se passait le 1er octobre 1789, et se renouvela le 3.

A cette nouvelle Paris s'insurgea. Le 5, la farine ayant absolument manqué, les femmes affamées partirent les premières pour Versailles, bientôt suivies du peuple, de la garde nationale et des gardes-françaises. Le 6, malgré la résistance des gardes du corps, le château fut envahi, et, sans Lafayette qui obtint de la foule qu'elle se retirât des appartements, la royauté eût cessé d'exister ; mais le peuple exigea que la cour vînt se fixer à Paris et l'y escorta. L'Assemblée s'y rendit de son côté pour reprendre le travail de la constitution.

D'après le projet de Sieyès, elle divisa la France en quatre-vingt-trois départements, le département en districts, le district en cantons et le canton en communes. Les conseils administratifs du département et du district furent soumis à l'élection, mais à plusieurs degrés. Les officiers municipaux des communes furent seuls nommés au suffrage direct.

Les états du Languedoc et de Bretagne, les parlements de Metz, de Rouen, de Bordeaux et de Toulouse, entièrement à la dévotion de la noblesse et du clergé, s'élevèrent contre la nouvelle division du pays. L'abolition des dîmes, dont l'Assemblée n'avait voté que le rachat dans la nuit du 4 août, décida la rupture définitive du clergé et de la nation. Un décret du 29 décembre transféra l'administration des biens cléricaux aux municipalités, ordonna d'en vendre pour quatre cents millions et créa un papier-monnaie, l'assignat, qui facilita cette vente. Alors les prédications furieuses commencèrent dans le Midi, et les prêtres excitèrent les catholiques au massacre des protestants. Puis vint la nouvelle constitution du clergé, c'est-à-dire la nomination des évêques par les électeurs civils, la suppression des chapitres et la réduction des évêchés au nombre des départements. D'ailleurs, le culte catholique restait le seul subventionné par l'État.

On voit tout l'illogisme de cette constitution civile du clergé. Il fallait ne reconnaître légalement aucun culte et par conséquent n'en subventionner aucun; d'autant plus que les catholiques, loin de se montrer très-reconnaissants de cette exception en leur faveur, devinrent plus furieux que jamais.

Les émigrés tentèrent alors de soulever Lyon et le Midi, et Louis XVI essaya de fuir; mais le marquis de Favras, qui devait l'enlever, fut pendu, et l'évasion échoua. C'est à cette époque que Mirabeau se vendit à la cour. En trahissant la Révolution, il s'annihila sans profit pour la royauté condamnée.

L'Assemblée décréta la nouvelle organisation judiciaire. Toutes les magistratures furent désormais temporaires; on introduisit le jury dans les causes criminelles. Il y eut deux degrés de juridiction et une cour de cassation. Quant au droit de guerre ou de paix, l'initiative en fut donnée au roi, mais la Constituante se réserva de décider l'une ou l'autre. Le 20 juin, elle abolit les titres, les armoiries et les ordres de chevalerie. Il est à remarquer que cette abolition de ses titres irrita infiniment plus la noblesse que la perte de ses priviléges. L'émigra-

3

tion augmenta et les haines s'accrurent.

Le 14 juillet 1790, anniversaire de la prise de la Bastille, réunit au Champ de Mars les délégués des départements, les membres de la Constituante et la garde nationale de Paris, qui tous, ainsi que le roi, devaient prêter serment à la constitution. Un autel fut dressé au milieu du Champ de Mars. L'évêque d'Autun y célébra la messe, entouré de quatre cents prêtres. Lafayette, le président de l'Assemblée, les députés répétèrent tour à tour la formule du serment. Enfin Louis XVI jura d'employer tout le pouvoir qui lui était délégué par l'acte constitutionnel à maintenir la constitution décrétée par l'Assemblée nationale et acceptée par lui. Le peuple, ajoutant foi à ce serment que le roi devait violer comme tous ceux qu'il prêta, applaudit avec enthousiasme, et la fête prit fin au milieu de la joie générale; mais, dès le lendemain, les intrigues de la cour recommencèrent.

Necker, effrayé, donna sa démission et

quitta la France. L'armée se désorga-
nisa. La noblesse, n'ayant plus le mono-
pole des grades que le nouveau code
militaire accordait à l'ancienneté, excita
par ses concussions et par son arrogance
le soulèvement des soldats. Trois régiments s'insurgèrent contre leurs officiers,
à Nancy, en août 1790, et furent écrasés
par le marquis de Bouillé, qui commandait à Metz. L'Assemblée eut le tort très-
grave de féliciter Bouillé qui conspirait
évidemment avec les émigrés et la cour.

La constitution civile du clergé et le
serment de la maintenir qu'on exigea des
évêques et des curés, sous peine de des-
titution, furent repoussés à peu près par
tous. La minorité qui prêta le serment
fut qualifiée par les orthodoxes d'héré-
tique et d'excommuniée. Les tantes du
roi, filles de Louis XV, partirent, et
Louis XVI les eût suivies s'il n'en avait
été empêché par la garde nationale. L'Assemblée décréta que sa fuite entraînerait
sa déchéance. Elle voulut ensuite mettre
un terme à l'émigration. On proposa de

prononcer la mort civile et la confiscation des biens des fugitifs, mais un discours de Mirabeau fit repousser le projet qui sembla trop radical.

Peu de jours après, le 2 mars 1791, Mirabeau mourut en pleine popularité. Paris tout entier suivit son cercueil et on déposa son corps au Panthéon qui venait d'être consacré aux grands hommes.

Cet homme avait puissamment aidé aux premiers triomphes de la Révolution par son initiative audacieuse et son génie oratoire, mais son dessein bien arrêté de restaurer une monarchie plus ou moins libérale ne pouvait aboutir. Déjà sa moralité politique était suspecte à beaucoup. Les événements se précipitaient d'ailleurs avec une telle rapidité que, par la force des choses, ou il eût émigré à son tour, ou il eût été exécuté deux ans plus tard.

Cependant tous les rois de l'Europe se coalisaient contre la France. Louis XVI donnait à son frère, le comte d'Artois, l'autorisation de traiter avec l'Autriche, les cercles d'Allemagne, la Prusse, l'Es-

pagne, la Suisse, la Sardaïgne et l'Angleterre. La coalition décida à Mantoue,
en mai 1791, que l'invasion aurait lieu
sur toutes les frontières à la fois, pourvu
que le roi n'excitât pas les soupçons en
essayant de fuir ; mais celui-ci, ne se
fiant nullement à son frère et à la noblesse émigrée, s'entendit avec le marquis
de Bouillé, dont le camp de Montmédy
lui paraissait un refuge plus sûr que
Coblentz, et il s'échappa des Tuileries,
déguisé, avec toute sa famille, dans la
nuit du 20 juin. Paris et l'Assemblée
n'apprirent cette fuite que le lendemain.
On crut d'abord tout perdu, comme si
un homme emportait toute une nation
avec lui. Louis XVI, reconnu et arrêté
à Varennes le 21, fut ramené à Paris
par les gardes nationales des départements et provisoirement suspendu de ses
pouvoirs. D'après le décret antérieur de
l'Assemblée, la fuite entraînait la dé-
·chéance ; mais les républicains étaient
encore peu nombreux. Les royalistes
constitutionnels, menés par les Lameth, et

Barnave, firent décréter que le roi ne serait frappé de déchéance que s'il rétractait son serment à la constitution et s'il faisait la guerre à la nation à la tête d'une armée.

Dès l'adoption de ce décret, le peuple se rendit en foule au Champ de Mars, afin d'y signer une pétition demandant la déchéance. Danton et Camille Desmoulins le haranguèrent sur l'autel de la fédération. Alors Lafayette et Bailly le firent mitrailler et le dispersèrent. Ce massacre des républicains par le parti monarchique fut suivi de la déclaration de Pilnitz, du 27 août 1791, par laquelle les rois de l'Europe ordonnaient à l'Assemblée de se dissoudre et de rétablir la royauté telle qu'elle était avant l'ouverture des états généraux, sous peine d'une invasion immédiate.

Cette déclaration insolente rapprocha le peuple et l'Assemblée. On arma les frontières et on leva cent mille gardes nationaux. Puis la Constituante, ayant terminé ses travaux, songea à se séparer. L'acte constitutionnel fut de nouveau

présenté à l'acceptation de Louis XVI
qui jura de nouveau aussi de le maintenir, bien résolu de n'en rien faire dès
qu'il le pourrait. Son pouvoir lui fut
rendu, et l'Assemblée déclara sa mission
terminée, le 29 septembre.

Aucun membre de la Constituante ne
fit partie de l'Assemblée législative, qui
ouvrit ses séances le 1er octobre 1791.

Bien qu'elle eût été nommée sous l'influence d'idées révolutionnaires communes au plus grand nombre des électeurs, l'Assemblée renfermait aussi,
comme la précédente, une droite et une
gauche. La droite était composée de
royalistes constitutionnels, qu'on nomma
le parti des Feuillants, et qui était sou-
tenu par la garde nationale et l'armée.
A gauche siégeaient les députés qui pri-
rent le nom de Girondins, parce qu'ils
avaient pour chefs les représentants de
la Gironde, Vergniaud, Guadé, Gensonné. Brissot fut le journaliste de ce
parti, Condorcet son législateur, et Pétion son homme d'action. Merlin de

Thionville, Chabot, Bazire, formaient avec quelques autres une extrême gauche affiliée aux sociétés populaires.

Robespierre dirigeait le club des Jacobins; Danton, Camille Desmoulins, Fabre d'Églantine menaient celui des Cordeliers qu'ils avaient fondé.

Les premiers décrets de l'Assemblée furent relatifs aux émigrés et au clergé réfractaire. Elle décida que les Français assemblés en armes au delà des frontières seraient traités en conspirateurs, que les revenus de leurs biens seraient perçus au profit de la nation et qu'ils seraient passibles de mort s'ils ne se dispersaient pas avant le 1er janvier 1792. En second lieu, les prêtres réfractaires durent prêter le serment civique sous peine de n'être plus pensionnés par l'État. Un décret, particulier au frère du roi, Louis-Stanislas-Xavier, comte de Provence, le requit de rentrer en France dans deux mois, sous peine d'être déchu de ses droits à la régence.

Louis XVI sanctionna le décret qui

concernait son frère et mit son *veto* sur
les deux autres ; mais l'Assemblée n'en
vota pas moins vingt millions pour for-
mer trois armées commandées par Ro-
chambeau, Luckner et Lafayette. Le
comte d'Artois, le comte de Provence et
le prince de Condé furent décrétés d'accusation. Le roi, intimidé, demanda des
ministres aux Girondins qui lui donnèrent, entre autres, Servan, Dumouriez
et Roland. Dumouriez était ambitieux,
intrigant et sans conviction politique.
Roland, bien que très-honnête, très-
austère et très-convaincu, ne comptait
que grâce au génie de sa femme qui dirigeait toute la Gironde. La cour, fu-
rieuse de subir cette pression, ne désigna
plus le nouveau pouvoir que sous le nom
du *ministère sans-culotte.*

Le 20 avril 1792, la guerre fut décla-
rée à l'Autriche. Les débuts n'en furent
pas heureux. Le plan qu'avait fait adop-
ter Dumouriez, et qui consistait à se
porter rapidement en Belgique, échoua
par la faute des chefs autant que par

celle des troupes indisciplinées et peu aguerries. Dillon fut battu, le 28 avril, dès le passage de la frontière, et massacré par ses propres soldats. Biron, de son côté, fut repoussé en désordre. La satisfaction que les royalistes témoignèrent publiquement à la nouvelle de ces échecs prouva que le roi était secrètement d'accord avec la coalition. L'Assemblée licencia la garde soldée de Louis XVI, décréta l'exil des prêtres réfractaires et la formation d'un camp de 20,000 hommes sous Paris; mais le roi mit son *veto* sur les décrets, renvoya son ministère girondin et en prit un autre parmi les Feuillants. En même temps il se mit en relations suivies avec l'ennemi par l'intermédiaire de Mallet-Dupan.

C'est alors qu'eut lieu la journée du 20 juin, anniversaire du serment du Jeu de Paume.

Le peuple, conduit par Chabot, Santerre et Legendre, envahit les Tuileries, demandant la sanction des décrets. Louis XVI mit un bonnet rouge, but à la santé de la nation et ne sanctionna rien. Dans l'intervalle, Pétion, maire de Paris, vint calmer la foule et l'engagea à se retirer, ce qu'elle fit après cette démonstration inutile qui produisit une sorte de réaction en faveur du roi. Les constitutionnels de l'Assemblée et la garde nationale s'offrirent à lui, et Lafayette lui proposa de l'emmener à Compiègne au milieu de son armée; mais, comptant sur l'ennemi étranger que sur les constitutionnels, il repoussa toutes ces offres.

Les Girondins préparèrent le 10 août, que la marche des Prussiens et le manifeste de Brunswick vinrent hâter.

Danton, Camille Desmoulins, Fabre d'Églantine, Robespierre, Marat, organisèrent l'insurrection. Le château des Tuileries était défendu par les Suisses, quelques bataillons de la garde nationale et une foule d'officiers de la garde royale licenciée; mais, avant l'arrivée des assaillants, Louis XVI et sa famille quittèrent le palais pour se réfugier à l'Assem-

blée nationale. Cependant, le combat s'en-
gageait entre les Suisses et le peuple
conduit à l'assaut des Tuileries par
Westermann, un ami de Danton. Les
Suisses, après une résistance acharnée,
furent balayés et massacrés pour la plupart.

Désormais c'en était fait de la royauté.
L'Assemblée décréta la suspension du
roi, la convocation d'une Convention, la
mise à exécution de ses décrets et la déportation de 4,000 prêtres réfractaires.
Louis XVI fut enfermé au Temple avec
sa famille, et l'ouverture de la Convention nationale fut fixée au 23 septembre.

Pendant ce temps, les Prussiens, passant la frontière, repoussaient l'armée de
Sedan, prenaient Longwy et investissaient
Verdun. L'agitation de Paris à ces nouvelles devint extrême. Danton se concerta
avec la Commune pour frapper un coup
terrible et terrifier l'ennemi. La prise
de Verdun précipita l'événement, et, le
2 septembre, les prisonniers détenus aux

Carmes, à l'Abbaye, à la Conciergerie
et à la Force furent massacrés par une
bande soudoyée par la Commune. Cet
égorgement dura trois jours sans que
l'Assemblée pût s'y opposer.

Du 2 septembre au 20, Dumouriez
arrêta la marche des Prussiens dans l'Ar-
gonne, et, à cette dernière date, Kellermann les battit à Valmy et détermina
leur retraite.

La Convention nationale avait ouvert
ses délibérations le 21. Dès sa première
séance elle abolit la royauté et proclama
unanimement la République, bien qu'elle
fût déjà partagée entre deux partis hostiles : la Gironde et la Montagne.

Les Girondins n'étaient au fond que
des royalistes constitutionnels. Beaucoup
d'entre eux en donnèrent la preuve plus
tard. Depuis le 10 août, devenus républicains par entraînement et par nécessité,
ils voulaient bien que le peuple fût la
source de tous les pouvoirs, mais ils lui
refusaient le droit de les exercer pour
une part quelconque. Aussi leurs adver-

saires purent-ils les accuser d'en appeler sans cesse au peuple contre le peuple et de trahir la République. Les Montagnards, moins éloquents, moins instruits, moins embarrassés par le choix des moyens, voulaient gouverner avec le peuple et par lui. Quant à la *Plaine* ou *Marais*, comme on désignait le centre de l'Assemblée, il n'y avait là ni opinion, ni système, ni sympathies d'aucune sorte pour qui que ce soit. Le *Marais* fut toujours de l'avis du plus fort.

Les Girondins avaient le ministère, la majorité dans la Convention et l'influence de leurs journaux et de leurs brochures sur la plupart des départements; mais les Montagnards disposaient du club des Jacobins, tout-puissant alors, de la Commune de Paris et, par la Commune, des sections et des faubourgs, c'est-à-dire de l'insurrection permanente. La lutte était donc fort inégale entre les deux partis. La Gironde put s'en convaincre par l'insuccès de ses premières accusations contre Robespierre et Marat qu'elle dénonça, l'un comme aspirant à la dictature, et l'autre comme l'ayant conseillée dans son journal, *l'Ami du peuple.* Aucune de ces accusations n'eut de suite, mais, dès lors, la Gironde devint suspecte au peuple, et celui-ci resta bientôt convaincu que ce parti conspirait contre l'indivisibilité de la République et contre la République elle-même.

La Montagne, appuyée par les sociétés populaires de Paris et des départements, fit décréter par la Convention qu'elle déciderait du sort de Louis XVI. Les pièces trouvées après le 10 août dans les bureaux de la liste civile et celles que renfermait une armoire de fer découverte dans un mur des Tuileries prouvèrent tous les complots de la cour contre la Révolution et l'alliance secrète du roi avec les Autrichiens, les Prussiens et les émigrés. Cependant la discussion s'engagea d'abord entre les partisans de l'inviolabilité et ceux qui la niaient comme n'étant qu'un vain mot, entre le comité chargé du rapport qui concluait à ce que la Convention s'érigeât en tribunal et

ceux qui, comme Robespierre et Saint-
Just, repoussant à la fois l'inviolabilité
et les formes juridiques, voulaient que
Louis XVI fût mis à mort immédiate-
ment et sans jugement. — « Louis, dit
Robespierre, n'est point un accusé, vous
n'êtes pas des juges. Vous n'avez point
de sentence à rendre contre un homme ;
vous n'avez qu'une mesure de salut à
prendre. Louis est déjà condamné, ou la
République n'est pas absoute. »

La Gironde et la Plaine n'en firent
pas moins décréter que le roi serait
jugé dans les formes par la Convention
elle-même. L'acte des faits imputés à
Louis XVI fut rédigé par Robert Lindet,
au nom d'une commission de vingt et
un membres, et le prisonnier du Temple
fut conduit à la barre de l'Assemblée.

Il nia tous les faits qui lui étaient re-
prochés et que constataient toutes les
pièces écrites et signées de sa main. Il
demanda un défenseur, et la Convention
lui accorda un conseil composé de Malesherbes, de Tronchet et de de Sèze. Ce-

lui-ci prononça la défense, qui fut écou-
tée au milieu du plus grand silence. On
fit retirer l'accusé, et l'Assemblée déclara
à l'unanimité qu'il était coupable. Puis
la discussion s'ouvrit sur la peine à in-
fliger. Après quatre heures d'appel no-
minal, la peine de mort fut prononcée à
la majorité de vingt-six voix. Les Girondins tentèrent d'obtenir un sursis et
l'appel au peuple, mais inutilement. L'Assemblée décida que l'arrêt serait immé-
diatement exécuté. Le 21 janvier, au
matin, une voiture vint prendre Louis XVI
au Temple et le conduisit à la place de
la Révolution, où était dressé l'échafaud
A dix heures dix minutes sa tête tomba.
Il avait trente-neuf ans et avait régné
seize ans et demi.

L'exécution de Louis XVI était-elle
nécessaire à l'affermissement de la République? Les faits postérieurs ont prouvé
qu'elle n'a rien affermi. Était-elle légitime? Elle était évidemment légitime au
même degré que le combat mortel en-
gagé entre le peuple et la royauté; mais

la Convention crut tuer le roi et ne tua
qu'un homme insignifiant, convaincu d'ailleurs qu'il n'avait à se reprocher aucun
des crimes qu'on lui imputait.

II.

Du 21 janvier 1793 au 18 brumaire.

Les opérations militaires n'avaient pas été interrompues. Dumouriez avait gagné la bataille de Jemmapes, le 6 novembre 1792, et envahi la Belgique. Puis il vint à Paris pour se concerter avec la Gironde et sauver Louis XVI. N'y ayant point réussi, il retourna à l'armée avec le dessein de s'en servir pour arrêter le mouvement révolutionnaire.

L'acte du 21 janvier souleva toute

l'Europe contre la France, à l'exception de la Suisse, de la Suède, du Danemark, de la Turquie et de la Russie occupée au second partage de la Pologne. Tandis que les Anglais bloquaient les côtes, toutes les frontières furent attaquées à la fois. La Convention décréta une levée de trois cent mille hommes, et, sur la proposition de la Montagne, l'établissement du tribunal révolutionnaire destiné à juger sans appel les ennemis de l'intérieur.

Tandis que Dumouriez entrait en Hollande, les Autrichiens passèrent la Meuse et battirent l'armée française à Liége.

La nouvelle de ces revers détermina la Montagne, appuyée par le club des Jacobins, à dénoncer les Girondins, les ministres et les généraux comme étant d'accord pour trahir et perdre la République. Les Jacobins et les Cordeliers élurent un comité d'insurrection qui décida qu'on arrêterait les députés suspects au milieu de la Convention elle-même, dans la nuit du 10 mars; mais ceux-ci,

avertis, ne se rendirent point à la séance
et le coup manqua. Vergniaud dénonça
inutilement le comité d'insurrection au
conseil exécutif. Aucune mesure ne fut
prise. La majorité conventionnelle, long-
temps sympathique à la Gironde, subis-
sait déjà la pression énergique des Montagnards, et l'insurrection de la Vendée
vint donner à ceux-ci plus d'audace et de
résolution.

Le soulèvement royaliste et clérical des
provinces de l'Ouest, préparé en 92 par
le marquis de la Rouarie, eut lieu lorsque
la levée de trois cent mille hommes fut
décrétée. Neuf cents communes se révol-
tèrent sous le commandement des nobles
Bonchamps, Lescure, La Rochejaquelein,
d'Elbée, Talmont, du voiturier Cathelineau et du garde-chasse Stofflet. Les généraux républicains des bataillons mobi-
lisés des gardes nationales furent battus
à Saint-Vincent, à Baupréau, aux Au-
biers, à Cholet. Les Vendéens se formèrent en trois corps : l'armée d'Anjou sous
Bonchamps, la grande armée sous d'El-

bée, et l'armée de la basse Vendée sous
l'officier de marine Charette. Cathelineau
fut élu généralissime.

En même temps, Dumouriez, battu à
Norwinde par les Autrichiens, entama
des négociations avec l'ennemi dans le
but de se réunir à lui, de marcher en-
semble sur Paris et de rétablir la monarchie. Le club des Jacobins lui envoya
trois de ses membres pour s'assurer du
fait. Il les reçut et leur déclara nette-
ment son dessein. La Convention chargea
quatre représentants et le ministre de la
guerre d'aller l'arrêter au milieu de ses
soldats ; mais il les fit saisir par des hus-
sards allemands et les livra aux Autrichiens. Puis il tenta d'entraîner l'armée,
qui l'abandonna. Alors il passa à l'ennemi avec le duc de Chartres, depuis
Louis-Philippe.

Cette défection fut le signal d'une lutte
à outrance entre la Gironde et la Montagne. Robespierre dénonça Vergniaud,
Pétion, Gensonné, dans la Convention,
et Marat les accusa, aux Jacobins qu'il

présidait, dans une adresse où il demandait qu'on épurât l'Assemblée. Traduit
devant le tribunal révolutionnaire, il fut
acquitté et porté en triomphe. La nomination d'un comité de douze membres
chargés d'examiner la conduite de la
Commune, et le discours du Girondin
Isnard, qui déclara que, si l'on portait
atteinte à la représentation, Paris serait
anéanti par la France, mirent le comble
à l'exaspération populaire, et, le 31 mai,
les clubs et les sections marchèrent sur
les Tuileries, où siégeait la Convention.

Cependant, malgré l'investissement de
l'Assemblée et un discours de Robespierre qui concluait au décret d'accusation contre la Gironde, le comité de
salut public, en cassant la commission
des Douze, réussit à contenter la multitude, qui se dispersa.

Le 2 juin, quatre-vingt mille hommes
entourèrent de nouveau la Convention
qui, cette fois, décréta l'arrestation des
Girondins Vergniaud, Gensonné, Guadet, Brissot, Gorsas, Pétion, Salles,

Barbaroux, Chambon, Buzot, Birotteau, Lidon, Rabaud, Lasource, Lanjuinais, Grangeneuve, Lehardy, Lesage, Louvet, Valazé, Lebrun, ministre des affaires étrangères, Clavières, ministre des contributions, et les membres des Douze. Ils furent détenus chez eux.

Buzot, Lanjuinais, Pétion, Barbaroux, Guadet et Louvet s'évadèrent et allèrent soulever les départements. Une armée girondine se forma dans le Calvados sous le commandement de Wimpfen, afin de marcher sur Paris. Charlotte Corday partit de Caen et vint poignarder Marat dans son bain. Lyon, Marseille, Bordeaux, soixante départements se soulevèrent, tandis que quarante mille Vendéens prenaient Saumur d'assaut et attaquaient Nantes.

La situation de la République semblait désespérée. Ses armées étaient battues au nord, au midi et dans l'ouest. La Convention décréta la levée en masse et l'arrestation de tous les gens suspects. Les étrangers et les royalistes constitu=

tionnels furent emprisonnés. On créa une armée parisienne de six mille hommes et de mille canonniers pour l'intérieur de la ville, et chaque citoyen indigent eut quarante sous par jour pour assister aux assemblées permanentes des sections. L'énergie révolutionnaire triompha bientôt de tant d'ennemis. L'armée girondine du Calvados fut battue. On reprit Toulon livré aux Anglais par les royalistes, ainsi que Lyon, après un siége sanglant. De leur côté, les Vendéens avaient échoué devant Nantes et s'étaient retirés derrière la Loire, où ils battaient encore Canclaux et Rossignol; mais, écrasés à Chatillon et à Cholet, Lescure, Bonchamps et d'Elbée étant tués, ils quittèrent la Vendée au nombre de quatre-vingt mille, afin de soulever la Bretagne. Mis en déroute au Mans et entièrement défaits à Savenay, ils furent anéantis. Jourdan, Hoche, Pichegru et Kellermann repoussèrent aussi de toutes les frontières l'ennemi étranger, et la République fut partout victorieuse.

6

Le 16 octobre 1793, Marie-Antoinette, veuve de Louis XVI, fut condamnée à mort par le tribunal révolutionnaire et exécutée. Vingt Girondins périrent sur l'échafaud le 31 du même mois : Brissot, Vergniaud, Gensonné, Fonfrède, Ducos, Lasource, Sillery, Gardien, Carra, Duperret, Duprat, Fauchet, Beauvais, Duchâtel, Mainvielle, Lacaze, Boileau, Lehardy, Antiboul et Vigée. Quant à Valazé, il s'était tué d'un coup de couteau. Salles, Guadet et Barbaroux furent exécutés à Bordeaux ; on trouva Buzot et Pétion morts dans un champ et à moitié dévorés par les loups. Condorcet s'empoisonna et madame Roland fut guillotinée. Cette jeune femme, douée d'une haute intelligence et d'une grande âme, mourut héroïquement.

Le comité de salut public, créé le 6 avril, fut renouvelé en partie et composé de Robespierre, de Saint-Just, de Couthon, de Collot-d'Herbois, de Billaud-Varennes, de Hérault de Séchelles, de Robert Lindet, de Barrère, de Carnot,

de Cambon, de Prieur de la Côte-d'Or,
de Prieur de la Marne. Le comité de
sûreté générale fut aussi composé de
douze membres.

Les deux comités exercèrent une dic-
ta.ure réelle. Celui de salut public nommait et destituait généraux, commissaires,
ministres, gouvernait les départements,
disposait de la liberté individuelle par la
loi des suspects, de la vie de chacun
par le tribunal révolutionnaire et des
propres membres de la Convention par
la terreur qu'il inspirait à la majorité,
appuyé qu'il était par l'insurrection permanente de la multitude. Il fit décréter
le calendrier républicain. L'ère républi-
caine commença au 22 septembre 1792.
Douze mois égaux divisèrent l'année :
vendémiaire, brumaire et *frimaire,* pour
l'automne ; *nivôse, pluviôse* et *ventôse,*
pour l'hiver ; *germinal, floréal* et *prairial,* pour le printemps ; *messidor,
thermidor* et *fructidor,* pour l'été. Chaque mois fut divisé en trois décades,
c'est-à-dire de dix jours chacune, qu'on

nomma : *primidi, duodi, tridi, quartidi, quintidi, sextidi, septidi, octidi, nonidi* et *decadi.* Cinq jours de surplus, intitulés *sans-culottides,* furent mis à la fin de l'année.

La Montagne et la Commune, coalisées pour abattre la Gironde, n'eurent pas plus tôt fondé la toute-puissance du comité de salut public, qu'elles voulurent, de part et d'autre, secouer son joug. Les hommes de la Commune, Chaumette, Hébert, Ronsin, Anacharsis Clootz, anarchistes et athées par principe, ne voulaient en aucune façon ni d'une dictature politique, ni du christianisme, ni du déisme de Robespierre, et décrétèrent le *culte de la Raison.* C'est pourquoi le comité de salut public résolut de détruire la Commune. Robespierre l'attaqua à la Convention, le 15 frimaire an II, — 5 décembre 1793. Peu de jours après, Chaumette, Hébert, Ronsin, Clootz, Moumoro, Vincent et autres furent condamnés par le tribunal révolutionnaire et guillotinés.

Restait la Montagne, dont les chefs étaient Danton et Camille Desmoulins ; mais avec ceux-ci la lutte était moins aisée. Danton était l'homme du 10 août et du 2 septembre. Son audace, son éloquence abrupte et ses motions soudaines avaient produit les actes les plus terribles de la Révolution. Cependant, aussitôt que le triomphe de celle-ci lui parut assuré, il résolut, de concert avec ses amis politiques, Desmoulins, Lacroix, Philippeaux, Fabre d'Églantine, Westermann, de s'opposer à la dictature des deux comités, de suspendre le tribunal révolutionnaire, d'ouvrir les prisons qu'avait emplies la loi des suspects et de faire succéder un gouvernement légal au régime de terreur et de despotisme populaire qui opprimait la Convention et ensanglantait le pays.

Camille Desmoulins publia les premières livraisons du *Vieux Cordelier*, pamphlet de génie, écrit avec une éloquence et une verve sans égales. Il y soutint les idées de son parti, la fin de la dictature des

comités, l'établissement d'un comité de
clémence et la mise en liberté des suspects. Les Dantonistes essayèrent d'a-
bord de gagner Robespierre, qui avait
attaqué le premier les anarchistes de la
Commune. On s'entendit momentanément. Le dictateur approuva le *Vieux
Cordelier* et défendit Danton aux Jacobins ; mais Saint-Just, Billaud-Varennes
et Collot-d'Herbois obtinrent bientôt de
lui le sacrifice des modérés, en lui per-
suadant que sa propre sûreté dépendait
de leur perte, et que, d'ailleurs, la lutte
contre l'étranger et contre l'ennemi intérieur ne pourrait continuer sans la dictature.

Danton, Camille Desmoulins, Lacroix,
Philippeaux, Fabre d'Églantine, Westermann, furent donc arrêtés le 10 germinal
et enfermés au Luxembourg. On les tra-
duisit devant le tribunal révolutionnaire, on les mit hors des débats, on les
condamna sans les entendre, et on les
mena à l'échafaud. — Dès lors la Terreur fut mise à l'ordre du jour, et la

mort devint l'unique moyen de gouvernement. La loi du 2 prairial vida les prisons à l'aide d'exécutions permanentes et l'extermination se répandit sur toute la France.

Robespierre, Saint-Just et Couthon formèrent un véritable triumvirat qui dirigea les deux comités et la Convention. On décréta le culte de l'Être suprême et des fêtes décadaires à la *Vérité,* à la *Justice,* à la *Pudeur,* à la *Frugalité,* au *Malheur,* etc. La célébration du nouveau culte eut lieu le 20 prairial. Robespierre, nommé à l'unanimité président de la Convention, conduisit la cérémonie et harangua le peuple.

Le 22 prairial, Couthon proposa de ne plus accorder de défenseurs aux accusés et de décréter que les députés pourraient être arrêtés désormais sur l'ordre seul des comités. Malgré la résistance de la Montagne, la loi passa. Mais l'excès de la Terreur ne tarda pas à produire une réaction inévitable. Billaud - Varennes, Collot-d'Herbois et quelques autres mem-

bres du comité de salut public ; Vadier,
Vouland, Amar, au comité de sûreté
générale ; Tallien, Fréron, Bourdon, Legendre, à la Convention, accusaient sourdement Robespierre de tyrannie. Quel-
ques-unes de ses propositions furent re-
poussées pour la première fois par ses
collègues. Dès lors il cessa de se réunir à
eux, ne parut plus à la Convention et se
rendit régulièrement aux Jacobins où il
attaqua les deux comités. Saint-Just, en
mission à l'armée du Nord, revint en
toute hâte à Paris et pressa Robespierre
d'agir sans retard. Si la Convention ne
se montrait pas docile, on appellerait le
peuple aux armes contre la Montagne et
le comité de salut public.

Le 8 thermidor, Robespierre accusa
devant la Convention ceux qu'il voulait
perdre. L'Assemblée , après beaucoup
d'hésitation, décréta l'impression du discours ; mais alors les membres des deux
comités, voyant qu'il n'y avait plus de
temps à perdre, attaquèrent violemment
leur accusateur. Vadier, Cambon, Bil-

laud-Varennes, Fréron, firent rapporter
le décret d'impression. Robespierre se retira aux Jacobins, et prépara la journée
du lendemain. Il disposait de Fleuriot et
de Payan à la Commune, de Dumas et
de Coffinhal au tribunal révolutionnaire,
de Henriot qui commandait la force armée et de tout le club des Jacobins. De
leur côté, les Montagnards tentaient de
se rallier la majorité de la Convention.
Après beaucoup d'hésitation causée par
la peur que leur inspirait Robespierre autant que par la haine qu'ils portaient à la
Montagne, les membres du Marais et de
la droite s'engagèrent à soutenir les Dantonistes.

Le 9 thermidor, à midi, la séance s'ouvrit. Saint-Just commença l'attaque et
fut violemment interrompu. Billaud-Varennes déclara que les Jacobins voulaient
égorger la Convention, et que celle-ci
allait périr si elle se montrait faible. Puis
il dénonça Robespierre et ses projets de
dictature. Ce dernier voulut parler, mais
les clameurs de l'Assemblée l'en empê-

7

chèrent. Tallien fit décréter l'arrestation de Henriot, puis celle des deux Robespierre, de Couthon, de Lebas et de Saint-Just. Fleuriot, Payan et Henriot étaient à la Commune. Dès qu'ils eurent appris l'arrestation, le tocsin fut sonné et on réunit les sections. Quelques gendarmes saisirent Henriot dans la rue Saint-Honoré, et le conduisirent au comité de sûreté générale. Vers six heures du soir, les municipaux délivrèrent Robespierre et ses amis, qu'on mena en triomphe à l'Hôtel de ville; mais les sections, contre toutes les probabilités, se rallièrent à la Convention et marchèrent contre la Commune sous le commandement de Barras, de Bourdon de l'Oise, de Léonard Bourdon et de Fréron. A minuit et demi, l'Hôtel de ville fut envahi. Un gendarme, nommé Méda, fracassa la mâchoire de Robespierre d'un coup de pistolet. Lebas se tua; les autres furent arrêtés. Le tribunal révolutionnaire les condamna, et le 10 thermidor, à cinq heures du soir, ils furent conduits à l'échafaud dans la même charrette.

Robespierre était mourant ; Saint-Just, impassible et silencieux.

Quel que soit le jugement qu'on porte sur les actes et les intentions de ces deux hommes, il est évident que leur chute précipita celle de la République. Les divers partis momentanément coalisés contre eux se retrouvèrent face à face. Les comités perdirent leur suprématie et restèrent suspects au Marais, à la droite et à la Montagne dantoniste. Les Thermidoriens, c'est-à-dire l'immense majorité de la Convention, rappelèrent les soixante-treize députés qui avaient protesté contre le 31 mai, et les Girondins qui avaient échappé à la mort. On ferma le club des Jacobins et on désarma les faubourgs. La loi du 22 prairial fut abolie, les suspects furent mis en liberté. Enfin, le 11 fructidor, Lecointre de Versailles dénonça Billaud-Varennes, Collot-d'Herbois, Barrère, Vadier, Amar et Vouland ; mais l'Assemblée repoussa la dénonciation pour le moment. Cependant elle poursuivit tous ceux qu'ils avaient envoyés en mission dans les départements, Carrier, entre autres. Elle supprima le *maximum*, abolit le décret d'expulsion contre les prêtres et les nobles, et la terreur fut décrétée contre les anciens terroristes. Les marchands profitèrent de la suppression du maximum pour hausser démesurément le prix des denrées; il n'y avait plus d'argent : les huit milliards d'assignats qu'on avait successivement émis ne représentaient plus rien, et le peuple qui mourait de faim s'en prenait à la Convention et regrettait le comité de salut public. Dans l'intervalle l'Assemblée mit en accusation les représentants déjà dénoncés par Lecointre et les condamna à la déportation. Enfin, le 1er prairial, la foule exaspérée envahit la Convention, coupa la tête du député Féraud et mit le reste en fuite, sauf les représentants Romme, Bourbotte, Duroy, Duquesnoy, Prieur de la Marne et Soubrany, qui formèrent une nouvelle commission exécutive; mais les sections, conduites par Legendre et Auguis, reprirent possession de la salle des séances vers minuit. A cinq heures du matin, vingt-huit représentants étaient arrêtés et conduits hors Paris.

Six d'entre eux, Goujon, Bourbotte, Romme, Duroy, Duquesnoy et Soubrany, traduits devant une commission militaire, furent condamnés à mort. Ils se frappèrent tous du même couteau. Romme, Goujon et Duquesnoy réussirent à se tuer; les trois autres furent exécutés. A partir de cette époque, le parti démocratique et révolutionnaire cessa de compter dans la Convention.

On ne peut nier que l'action de ce parti, despotique et sanglante à l'intérieur, n'ait énergiquement contribué à la défense du territoire et à l'élan victorieux des armées de la République. C'est en exécutant le plan du comité de salut public que Pichegru battit le duc d'York à Courtrai, et que Jourdan défit le prince de Cobourg à Fleurus, repoussa les Autrichiens au delà du Rhin, s'empara de Cologne et prit Coblentz. Les représentants Saint-Just et Lebas décrétèrent à

l'armée du Rhin la terreur et la victoire.
Hoche, qui reçut le commandement en
chef, força les lignes de Wissembourg,
chassa de Haguenau Brunswick et Wurm-
ser, et reprit Worms et Spire. De son
côté, au midi, Dugommier chassa les Es-
pagnols du sol français et pénétra en Ca-
talogne. L'impulsion vigoureuse commu-
niquée par le comité de salut public avait
partout vaincu la coalition ; aussi les événements du 9 thermidor ne furent pas
sympathiques aux armées. Aucune cependant ne protesta, et les opérations conti-
nuèrent. Pichegru envahit la Hollande.
On abolit le stathoudérat et on proclama
la République batave qui céda à la France
la Flandre hollandaise, Maestricht, et
Venloo. La Prusse et l'Espagne signèrent
la paix à Bâle, et les deux corps d'armée
des Pyrénées réunis à l'armée des Alpes
entrèrent en Italie par le Piémont.

Depuis la chute des derniers Montagnards les conspirations royalistes abon-
daient. Les émigrés et les prêtres, ne
comptant plus sur l'étranger repoussé de

toutes parts, s'affilièrent aux sections et organisèrent dans les rues ce qu'on nommait alors la chasse aux Jacobins. Dans les départements la réaction cléricale et royaliste fut horrible. On massacra en masse les républicains à Lyon, à Aix, à Marseille, à Tarascon, tandis que l'Angleterre et les émigrés tentaient l'expédition de Quiberon, et que le marquis de Puisaye organisait la chouannerie en Bretagne.

Quinze cents émigrés, auxquels se réunirent quinze cents chouans, débarquèrent dans la presqu'île de Quiberon où le général Hoche les anéantit presque complétement. On tenta alors une insurrection dans Paris et on en chercha le prétexte dans quelques dispositions de la nouvelle constitution décrétée le 22 août 1795.

L'élection était à deux degrés, c'est-à-dire que le corps électoral, élu lui-même par les assemblées primaires, nommait les deux conseils chargés d'exercer le pouvoir législatif, celui des Cinq-Cents, qui avait l'initiative et la discussion des lois, et celui des Anciens, qui pouvait les admettre ou les repousser. Le pouvoir exécutif était confié à un directoire de cinq membres présentés par le conseil des Cinq-Cents, élus par les Anciens, et renouvelable par cinquième tous les ans.

La Convention décréta en outre que deux tiers de ses membres seraient réélus. Ces décrets des 5 et 13 fructidor irritèrent les royalistes, qui espéraient avoir la majorité dans les deux conseils futurs. La section Lepelletier, dirigée par eux, prépara le mouvement insurrectionnel. Dans la nuit du 11 vendémiaire, on battit la générale; le 12, la Convention nomma Barras commandant de la force armée, et celui-ci choisit pour second l'officier d'artillerie Bonaparte, un ami de Robespierre le jeune, et qui s'était distingué au siége de Toulon.

Le 13, la bataille s'engagea. Bonaparte écrasa les sections royalistes devant Saint-Roch et dans la rue Saint-Honoré, et tout rentra dans l'ordre.

On fit les élections genérales. Les cinq premiers directeurs furent : Larevellière-Lépeaux, Rewbell, Letourneur, Sieyès et Barras. Puis la Convention se sépara le 4 brumaire an IV (26 octobre 1795).

Cette assemblée avait duré trois ans, de 92 à 95. Elle avait fait des choses si grandes et si terribles que le souvenir ne s'en perdra jamais. Elle avait défendu victorieusement la République contre ses ennemis intérieurs et contre l'Europe coalisée ; elle avait, au milieu de ses luttes intestines, organisé le pays, institué l'École polytechnique et l'École normale, et elle se retira croyant avoir définitivement fondé la République. Mais les partis hostiles subsistaient, et la France était destinée à devenir la proie d'un homme qui s'ignorait encore lui-même.

Cependant la réaction cléricale et royaliste avait jeté le plus grand désordre dans les départements. Le trésor était vide, le papier-monnaie absolument discrédité. Il y avait anarchie et famine. Le Directoire trouva, en outre, des arsenaux

8

épuisés et des armées manquant de tout.
Carnot remplaça Sieyès et s'occupa de la
réorganisation militaire. Chacun se mit à
l'œuvre pour ramener l'ordre, le travail
et la confiance. On rétablit les exposi-
tions industrielles; on fonda l'Institut national et les écoles primaires ; mais aussi,
le gouvernement fut obligé d'émettre
deux milliards quatre cent millions de
mandats territoriaux qui ne tardèrent pas
à perdre toute valeur.

Pichegru, qui commandait l'armée du
Rhin, se mit à conspirer le renversement
de la République, s'entendit avec le prince
de Condé et laissa la frontière ouverte à
l'ennemi. Les Anglais bloquaient les côtes,
et l'armée d'Italie résistait sans succès à
la marche des Autrichiens. Le Directoire
remplaça Pichegru par Moreau, conserva
Jourdan sur la Sambre et la Meuse et
nomma Bonaparte au commandement de
l'armée d'Italie. Hoche fut chargé de la
Vendée et de la Bretagne. En peu de
temps Charette et Stofflet furent battus,
pris et fusillés, l'un à Nantes, l'autre à

Angers. Georges Cadoudal, chassé du Morbihan, se réfugia en Angleterre, et l'insurrection de l'Ouest se termina en juin 1796.

La conspiration des Babouvistes avait eu lieu un mois auparavant. Gracchus Babeuf en était le chef avec les anciens conventionnels Vadier, Amar, Drouet, les ex-généraux Rossignol, Lami et autres. Ils voulaient rétablir une Convention composée des proscrits de thermidor et la constitution de 93.

Tous les conjurés furent arrêtés et renvoyés devant une haute cour à Vendôme. Leurs partisans se firent mitrailler par les troupes campées à Grenelle, et sur lesquelles ils comptaient. Les commissions militaires en condamnèrent trente et un à mort, trente à la déportation et vingt-cinq à la détention. A Vendôme, Babeuf et Darthé furent aussi condamnés à mort.

Pendant que leur procès s'instruisait, les royalistes conspirèrent de leur côté sans mieux réussir. On se contenta pour l'instant d'emprisonner leurs chefs, l'abbé Brothier, Lavilheurnois et Dunan.

Bonaparte était entré en Italie avec trente mille hommes. Il battit les Autrichiens à Montenotte et les Piémontais à Mondovi. Le roi de Sardaigne céda Nice et la Savoie à la France par le traité de mai 1796. Puis Bonaparte défit de nouveau les Autrichiens à Lodi et s'empara de la Lombardie. Quelques autres victoires décisives rendirent les Français maîtres de l'Italie, et l'Autriche conclut l'armistice de Léoben.

Le Milanais devint la République cisalpine, à laquelle furent réunis le Ferrarais, le Bolonais et la Romagne que le pape céda. L'État vénitien fut donné à l'Autriche comme compensation de ce qu'elle perdait. Celle-ci renonça aussi à la Belgique qui fut annexée à la France, et toute la coalition mit de nouveau bas les armes.

Les élections de l'an V (mai 1797) vinrent troubler l'accord qui unissait les conseils et le Directoire, en composant

les Cinq-Cents et les Anciens d'une majorité de royalistes qui choisirent Pichegru pour président de la première assemblée et mirent Barbé-Marbois à la tête
de l'autre. Dès lors Cinq-Cents et Anciens firent ouvertement la guerre à la
Révolution. On voulut restituer au culte
catholique ses anciennes prérogatives, reprendre les biens dits nationaux à ceux
qui les avaient acquis et renverser le
Directoire. Celui-ci prit des mesures de
défense. L'armée de Sambre-et-Meuse,
commandée par Hoche, se rapprocha de
Paris, et finit par camper à Meudon et à
Vincennes.

Le 18 fructidor, Augereau entra dans
la ville avec douze mille hommes et cerna
les Tuileries. On arrêta quarante et un
membres des Cinq-Cents, parmi lesquels
se trouvaient Pichegru, Boissy-d'Anglas,
Bourdon (de l'Oise), Pastoret, Villaret-
Joyeuse; onze membres des Anciens,
entre autres Barbé-Marbois, Portalis,
Tronson Du Coudray; deux membres du
Directoire, Carnot et Barthélemy. L'abbé

Brothier et Lavilheurnois, précédemment emprisonnés, furent impliqués dans l'affaire, ainsi que trente-cinq journalistes et quelques généraux. On cassa les élections de quarante-huit départements; on rapporta les lois favorables aux prêtres et aux émigrés; le plus grand nombre des condamnés fut déporté à Cayenne, et le parti royaliste et clérical se trouva encore une fois anéanti.

Le coup d'État du 18 fructidor, qui rendit le pouvoir aux républicains, amena le traité de Campo-Formio qui ratifia les préliminaires de Léoben. La France n'était plus en guerre qu'avec l'Angleterre.

Bonaparte, que ses victoires en Italie avaient déjà rendu très-populaire, revint à Paris, où le Directoire le reçut en triomphe, mais avec l'intention bien arrêtée d'éloigner le plus tôt possible un ambitieux qui disposait de l'armée et qu'on savait capable de tout oser. Sous prétexte d'une descente en Angleterre, on fit d'immenses préparatifs pour l'in-

vasion de l'Égypte. Il s'agissait de passer
dans l'Inde et d'y ruiner la puissance an-
glaise. L'aventure plut à Bonaparte, en
attendant mieux. Il partit donc de Toulon, le 19 mai 1798, avec quatre cents
navires chargés de troupes. Malte fut
prise en passant et l'armée débarqua en
Égypte.

Pendant ce temps, le Directoire déclara
la guerre à la Suisse qui refusait d'ex-
pulser les émigrés, et on réunit Genève
à la France. Le général Duphot ayant
été tué à Rome, les États du pape devinrent une république. L'Angleterre
forma une seconde coalition dont firent
partie l'Autriche, la Russie et la Turquie. Cette première puissance fit assas-
siner les commissaires français qui négo-
ciaient à Rastadt, Bonnier, Roberjot et
Jean de Bry, et la guerre recommença.
On institua la conscription militaire, qui
devint le service légal et mit fin aux
levées en masse.

Championnet prit Naples et fonda
la République parthénopéenne. Joubert

s'empara dé Turin; mais bientôt les Austro-Russes, commandés par Souvarow, battirent Schérer sur l'Adige et Macdonald sur la Trébia; et tandis que l'archiduc Charles refoulait Jourdan dans le Haut-Rhin, quarante mille Anglo-Russes débarquaient en Hollande. Les royalistes du Midi et de l'Ouest reprirent les armes, et le pays eût été envahi une seconde fois si Masséna et Brune n'eussent arrêté l'étranger. Le premier de ces généraux battit complétement Souvarow à Zurich, et le second chassa les Anglo-Russes de Hollande. De son côté, Championnet rétablit les affaires de l'armée d'Italie, dont le général en chef, Joubert, avait été tué à Novi. Mais ces victoires n'apaisaient point les troubles intérieurs et les dissensions entre le Directoire et les deux conseils. A cette époque, Bonaparte revint subitement en France.

Peu de jours après son débarquement en Égypte il avait conquis tout le pays, anéanti les Mamelouks et envahi la Sy-

rie. Ayant échoué au siége de Saint-
Jean-d'Acre, il s'était replié sur l'Égypte
et avait défait les Turcs sur les côtes
d'Aboukir, là où, l'année précédente,
Nelson avait détruit la flotte française;
mais son frère, Lucien Bonaparte, qui
présidait les Cinq-Cents, le tenait au
courant de ce qui se passait à Paris, et
il jugea que le moment était venu de
mettre ses desseins à exécution. Il abandonna donc son armée et débarqua à
Fréjus le 9 octobre 1799 (17 vendémiaire
an **VIII**).

Reçu avec enthousiasme par tous les
partis dont chacun désirait se l'attacher,
et par la masse du peuple ébloui de sa
réputation militaire et de ses aventures
orientales, il conspira, avec les généraux
gagnés, avec Sieyès et quelques députés
des Anciens, la chute du Directoire et la
ruine du parti démocratique. Il fut dé-
cidé qu'on demanderait la translation du
Corps législatif à Saint-Cloud et la nomination de Bonaparte au commandement
de la force armée.

Sur la proposition des trois conjurés Cornudet, Lebrun et Fargues, le conseil des Anciens décréta tout ce qu'ils demandaient. Sieyès et Roger, membres du Directoire, donnèrent leur démission comme il était convenu. Les trois autres, Barras, Moulin et Gohier, furent abandonnés par la garde directoriale et se retirèrent.

Cela se passait le 18 brumaire (9 novembre 1799), mais ce ne fut que le lendemain 19 que le coup d'État eut lieu.

Le conseil des Cinq-Cents avait été transféré à Saint-Cloud. Tous les députés républicains proposèrent, dès l'ouverture de la séance, de renouveler le serment à la constitution de l'an III, ce qui fut fait à l'unanimité. A ce moment, Bonaparte entra dans l'Assemblée à la tête de ses grenadiers. Tout le conseil se leva en poussant le cri de : « A bas le dictateur! hors la loi! » Le général pâlit, recula et fut enlevé par ses soldats; mais bientôt ceux-ci revinrent sous le commandement de Leclerc et chassèrent les représentants, la baïonnette au bout du fusil, par les portes et par les fenêtres.

Le coup d'État était accompli. Il n'y eut plus désormais qu'une volonté en France, celle de Bonaparte, bientôt premier consul, puis empereur. Pendant quinze ans, il régna despotiquement, fit périr trois millions de Français dans une suite de guerres insensées, amena deux invasions désastreuses et alla mourir prisonnier de l'Angleterre à l'île Sainte-Hélène.

Achevé d'imprimer

LE 28 AVRIL MIL HUIT CENT SOIXANTE-ONZE

PAR J. CLAYE

POUR A. LEMERRE, LIBRAIRE

A PARIS

PETITE BIBLIOTHÈQUE HISTORIQUE

CATÉCHISME POPULAIRE RÉPUBLICAIN. 1 vo-
lume. . . . . 50 cent.

HISTOIRE POPULAIRE DE LA RÉVOLUTION
FRANÇAISE. 1 vol. . . . . 50 cent.

EN PRÉPARATION :

HISTOIRE POPULAIRE DE LA FRANCE.

    I. *Mérovingiens.*
    II. *Carlovingiens.*
    III. *Capétiens.*
    IV. *Valois.*
    V. *Bourbons.*

HISTOIRE POPULAIRE DES DIEUX.

HISTOIRE DU CHRISTIANISME.

HISTOIRE POPULAIRE DES CROISADES.

HISTOIRE HÉBRAÏQUE.

HISTOIRE DE LA GRÈCE.

HISTOIRE ROMAINE.

HISTOIRE POPULAIRE DE LA PHILOSOPHIE.

Paris. — J. Claye, imprimeur, 7, rue Saint-Benoît. — [165]

www.ingramcontent.com/pod-product-compliance
Lightning Source LLC
LaVergne TN
LVHW022014080426
835513LV00009B/713